AF266055

LA SOCIÉTÉ POPULAIRE DE SAINT-ARNOULT

(1794)

D'APRÈS SON REGISTRE DE DÉLIBÉRATIONS

Par M. A. LEFEBVRE

Instituteur à La Frenaye (Seine-Inférieure)

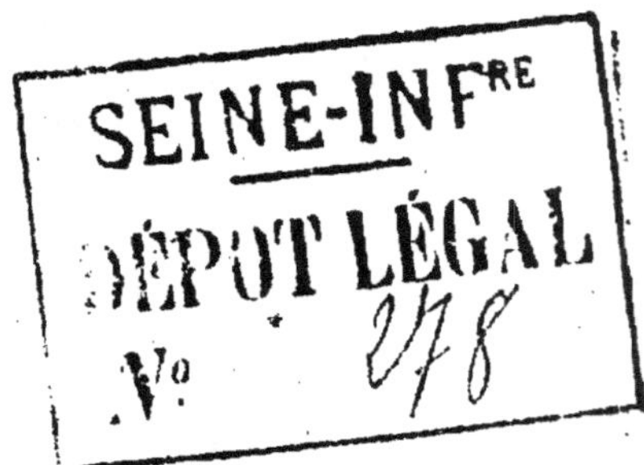

ROUEN

IMPRIMERIE LÉON GY -:- ALBERT LAINÉ, SUCCESSEUR

1914

LA SOCIÉTÉ POPULAIRE DE SAINT-ARNOULT

(1794)

D'APRÈS SON REGISTRE DE DÉLIBÉRATIONS

Par M. A. LEFEBVRE

Instituteur à La Frenaye (Seine-Inférieure)

LA SOCIÉTÉ POPULAIRE DE SAINT-ARNOULT

CANTON DE CAUDEBEC
DISTRICT MONTAGNARD D'YVETOT, DÉPARTEMENT DE LA SEINE-INFÉRIEURE
(1794)

D'APRÈS SON REGISTRE DE DÉLIBÉRATIONS

I

COUP D'ŒIL GÉNÉRAL

La Société populaire de Saint-Arnoult, fondée le 19 ventôse
an II (9 mars 1794) par vingt-quatre citoyens, tint sa première
séance le lendemain 20 ventôse.

Elle tint vingt-neuf séances décadaires et deux séances extraor-
dinaires, jusqu'au 30 frimaire an III (20 décembre 1794), date du
dernier procès-verbal inscrit sur son registre de délibérations.

Elle prit son rôle au sérieux et accabla la Municipalité d'invita-
tions à obéir aux lois, à donner plus de pompe aux fêtes décadaires,
à assurer l'exécution des réquisitions et des distributions de
secours et de vivres, etc. Le plus piquant, c'est que les membres de
la Municipalité et du Comité de surveillance faisaient partie de la
Société et qu'ils se donnaient ainsi à eux-mêmes des avertis-
sements.

Mais si elle remplit énergiquement sa véritable mission de petit
comité local de Salut public, elle ne versa pas dans la basse déma-
gogie, car elle était dirigée par deux hommes instruits et éclairés :
le juge de paix du canton de Caudebec et son greffier (1), pour la
section de la rive droite de la Seine.

Les séances eurent lieu d'abord l'après-midi, puis le matin de

---

(1) Ce dernier était en même temps instituteur à Saint-Arnoult.

2

4

chaque décade, « dans la ci-devant église dédiée à la Raison (1) ».
Elles commençaient par la lecture des journaux et des bulletins des
lois et décrets parus pendant la décade, et se terminaient par des
hymnes patriotiques, par des cantiques à l'Etre suprême, chantés
par l'instituteur et ses élèves, et enfin par les cris répétés de :
« Vive la République ! Vive la Montagne ! (2) »

Au début, les séances furent très suivies. Le peuple lui-même
y assistait en grand nombre. Il y était attiré par la lecture des
lois nouvelles et des journaux lui annonçant la marche des événe-
ments, les victoires de nos armées, le travail des représentants du
peuple, etc., etc.

Peut-être aussi l'attrait de ces fêtes nouvelles y fut-il pour
quelque chose. La curiosité est un aimant si puissant ! Peut-être
enfin le malin et secret plaisir de voir les « frères » de la Société
se dénoncer les uns les autres et se quereller entre eux n'y fut-il
pas étranger non plus, car c'est précisément les jours de discus-
sions orageuses que le public est félicité de sa nombreuse assis-
tance.

Mais cet enthousiasme dura peu. Le nombre des membres, qui
était de vingt-quatre au début, ne dépassa jamais une trentaine,
chiffre plutôt maigre pour une commune de 912 habitants à l'époque.

Bientôt le peuple et les membres eux-mêmes se désintéressèrent
des réunions et n'assistèrent plus aux fêtes décadaires. On se remit
à travailler les jours de décadi et on se reposa les jours « des ci-
devant dimanches et fêtes », malgré les dénonciations et les
menaces, si bien que l'instituteur n'eut bientôt plus que deux élèves
avec lui pour chanter les hymnes patriotiques.

Les démissions et les radiations se produisirent, et enfin la
Société disparut sans que cette disparition ait laissé aucune trace
sur son registre.

(1) Sauf la première qui eut lieu dans la salle de classe de l'instituteur.

(2) Ce dernier cri fut remplacé par celui de : « Vive la Convention ! » après le
9 thermidor.

II

LA VIE INTÉRIEURE DE LA SOCIÉTÉ

FAITS ESSENTIELS

Le registre que nous avons sous les yeux (1) est composé de cinquante feuillets d'un très grand format, cotés et parafés par le président de la Société « pour servir à enregistrer toutes les délibérations de ladite Société, le trente ventôse de la deuxième année de la République française une et indivisible et impérissable ».

Mais les procès-verbaux n'occupent que les dix-sept premiers feuillets; le reste a servi le registre de recettes et de dépenses depuis le 29 septembre 1801 jusqu'au 2 décembre 1855.

Ce registre débute par la déclaration suivante :

« Liberté, Égalité, Fraternité.

« Nous, soussignés, déclarons à la Municipalité de Saint-Arnoult, lieu de notre résidence, que nous sommes dans l'intention de nous assembler en Société populaire, et, à cet effet, de tenir nos séances publiques dès demain vingt ventôse onze heures du matin provisoirement dans l'appartement où l'instituteur tient ses écoles, parce que nous ne nous assemblerons point pendant la classe.

« A Saint-Arnoult, ce dix-neuf ventôse, l'an deuxième, etc.

(Suivent vingt-quatre signatures).

« Collationné par moi, secrétaire greffier de la Municipalité de Saint-Arnoult, soussigné, et délivré conforme à l'original déposé au Secrétariat de ladite Municipalité ».

(Pas de signature).

---

(1) La famille détentrice de ce registre ne nous a pas autorisé à publier les noms des habitants de Saint-Arnoult qui y sont contenus. Nous nous sommes incliné devant ses volontés, afin de pouvoir assurer la publication de ce travail.

PREMIÈRE SÉANCE

La première réunion eut lieu le lendemain 20 ventôse (10 mars 1794) dans la salle de classe de l'instituteur.

L'appel nominal constate la présence de vingt des signataires de la déclaration précédente.

Un Bureau provisoire est constitué avec le doyen d'âge comme président et le juge de paix comme secrétaire.

Affiliation au Club des Jacobins.

Il est ensuite arrêté que quatre commissaires seront nommés pour aller visiter la Société populaire d'Yvetot afin de « l'inviter à nommer des commissaires pour procéder à notre installation, désirant fraterniser avec cette société affiliée à celle des Jacobins de Paris ».

Prestation de serment.

Le président et le secrétaire provisoires jurent ensuite de maintenir « la Constitution décrétée par la Convention nationale et acceptée par le peuple ». Ils jurent aussi : « Guerre aux tirans, et paix aux chaumières. la Liberté, l'Egalité, l'Unité et l'Indivisibilité de la République française ».

Ce serment est répété par tous les membres de la Société.

(Suivent dix-huit signatures).

DEUXIÈME SÉANCE

Le 30 ventôse (20 mars), à « 3 heures après midy, dans la ci-devant église de Saint-Arnoult dédiée ce matin par le général des habitans de cette commune pour servir de temple de la Raison et à tenir les séances de la Société populaire », a lieu la seconde séance.

Bureau définitif.

On procède « par appel nominal » à la formation du bureau définitif. Le juge de paix du canton de Caudebec est élu président et, son greffier-instituteur, secrétaire. Le maire de Saint-Arnoult est élu vice-président, et son fils, secrétaire-adjoint.

Tous acceptent et prêtent le serment « de bien et fidèlement s'acquitter de leurs fonctions ».

Règlement de la Société.

Ensuite, la Société arrête le règlement suivant :

« 1° Que aucun de ses membres ne pourra parler sans avoir obtenu la parole du président » ;

« 2° Que la parole ne sera accordée à aucun citoyen qui ne sera pas reçu membre de la Société dans une délibération préalable, si ce n'est aux défenseurs de la Patrie en activité de service et aux citoyens membres d'une autre Société populaire qui auront justifié de leur diplôme ou seront connus et attestés pour tels par deux membres au moins de cette société » ;

« 3° Que les citoyens qui voudront être reçus de la Société populaire se feront présenter par un de ses membres ; — que tous les frères seront invités par le Président à prendre des renseignements sur le civisme de ces citoyens depuis le commencement et aux diverses époques de la Révolution ; — que ces renseignements seront donnés à une des prochaines séances, et, s'il sont favorables, les présentés seront admis ; — il y aura toujours au moins quatre jours entre la présence et l'admission » ;

« 4° Que les membres de la Société populaire qui auront travaillé ou fait travailler publiquement aux jours de décadi à des ouvrages qui, sans péril, auraient pu être remis au lendemain, seront rayés du tableau des membres de la Société et considérés comme ennemis du nouvel ordre de choses ».

Le beurre manque. — Invitation à la Municipalité.

La Société, considérant que, dans le moment actuel, la disette des denrées de première nécessité est extrême, « que le beure est manqué » dans toutes les boutiques de la commune, que les indigents ne peuvent s'en procurer,

« Considérant qu'il est difficile de croire que l'égoïsme et la malveillance ne soient cause de cette pénurie,

« Arrête :

« Que la Municipalité sera invitée à prendre les mesures que la loi met en son pouvoir pour en faire délivrer aux indigents au prix fixé par la Loi, et qu'à cet effet un extrait de la présente délibération lui sera adressé dans les vingt-quatre heures ».

TROISIÈME SÉANCE

Le 10 germinal (30 mars 1794), la séance est ouverte « au retour de la fête civique qui a eu lieu tant au temple de la Raison qu'à la place publique consacrée pendant nombre d'années aux cérémonies superstitieuses des pèlerinages de Saint-Onuphre et l'arbre civique planté en la place où se fesait le feu ».

Les citoyens Carpentier et Letellier, membres de la Société populaire d'Yvetot-la-Montagne, déposent sur le bureau la Commission les désignant pour procéder à l'installation de la Société populaire de Saint-Arnoult.

Ils prennent place au Bureau à côté du président ainsi que le Maire et un officier municipal. Letellier prononce un discours « analogue » à la cérémonie.

Épurement des membres de la Société.

Les deux commissaires procèdent ensuite « à l'épurement » de tous les « frères ». Ils les font monter, chacun leur tour, à la tribune, et demandent au peuple assemblé s'il reconnaît le citoyen à la tribune pour « bon républicain rempli de civisme, s'il s'est toujours montré tel depuis le commencement et aux diverses époques de la Révolution ».

Installation de la Société.

Tous les membres présents ayant été admis, les commissaires « reconnaissent et déclarent » la Société installée. Au même instant, les cris répétés de : « Vive la République ! Vive la Montagne » se font entendre « de toutes les parties du temple ».

Trois nouveaux membres se présentent alors, subissent l'épuration et sont admis. Un autre, absent, est ajourné.

Offrande patriotique.

Le secrétaire dépose entre les mains du citoyen Letellier une cartouche ou congé de fourrier au régiment de Vexin Infanterie, datée de Perpignan, le 8 octobre 1787.

Cette cartouche sera remise à la Société populaire d'Yvetot, qui est invitée à la faire parvenir au Ministre de la Guerre pour en renvoyer une autre « au nom de la République ».

Invitations à la Municipalité pour inscriptions à placer.

Sur la motion du secrétaire, la Municipalité sera invitée pour le décadi prochain :

1° A faire mettre sur l'arbre civique planté ce matin une inscription annonçant que cet arbre, planté par la Raison, est placé au lieu où s'exerçaient jadis des actes de superstition et de fanatisme ;

2° A faire placer sur le portail du Temple une autre inscription annonçant qu'il est dédié au culte de la Raison et aux séances de la Société populaire.

Démolition d'une croix.

Le citoyen Letellier s'étonne que l'un des officiers municipaux laisse sur son terrain le pôteau d'une croix qui aurait dû disparaître au moment de la publication de l'arrêté du département.

L'officier municipal visé « s'empresse de répondre » que tous les ouvriers étant occupés en ce moment au battage des grains, il n'a pas encore pu en avoir, mais qu'il s'engage à détruire sous quatre jours « ce signe de religion. .. (1) », et la Société l'invite à tenir sa parole.

Admission des femmes aux séances.

Sur la proposition du citoyen Letellier, la Société décide que les femmes et les filles des « frères de la Société » seront admises aux séances dans l'enceinte destinée aux membres, mais qu'elles n'y entreront jamais avec les croix qu'elles sont dans l'usage de porter au cou, « vu que ce sont des signes extérieurs de religion qui doivent disparaître de la République ». Elles feront mieux de les offrir à la Patrie.

Accolade fraternelle.

Les deux commissaires, en témoignage de leur satisfaction, et « pour seau » de l'union fraternelle entre les deux Sociétés populaires, donnent l'accolade fraternelle au président.

Celui-ci les remercie et les assure que la Société se fera toujours un devoir de marcher sur les traces de celle d'Yvetot.

Chants et danses patriotiques.

Des chants patriotiques terminent la séance, puis tous les membres, les commissaires, ainsi qu'un grand nombre de citoyens et de citoyennes tant de la commune que de celles de Villequier, d'Anquetierville et d'autres communes voisines, s'en vont danser « autour des arbres de la Liberté, de l'Egalité et de la Fraternité, plantés sur la place publique près le temple de la Raison, et autour de celui planté ce matin à la place du feu de superstition ».

(1) Ici un mot illisible,

QUATRIÈME SÉANCE. — **20 germinal (9 avril)**.

Admission et présentation de membres.

Après l'admission d'un nouveau membre et la présentation de trois autres, le citoyen Charles G....., « cavallier national », fils de Pierre, cultivateur, arrivé le matin même avec un congé de quatre jours, monte à la tribune.

Il donne « des nouvelles satisfesantes » de la Vendée, et, en prononçant un discours patriotique, demande à être reçu immédiatement membre de la Société, « vu qu'il ne peut pas rester quatre jours à l'ostensoire », puisque dans ce délai il est obligé de se rendre à Dives, lieu de son détachement.

La Société, dérogeant à son règlement, l'admet immédiatement, « connaissant bien son patriotisme, son dévouement à la Liberté pour laquelle il a fait le sacrifice de sa personne ». Un diplôme lui est délivré, mais comme la Société n'a pas encore de cachet, l'Assemblée prie son président, qui est en même temps juge de paix du canton de Caudebec, d'y apposer le sien et d'en user ainsi jusqu'à ce que le cachet de la Société soit arrivé.

Collage des affiches.

Le président donne lecture de l'arrêté du Département ordonnant que les affiches des décrets doivent rester collées de manière à ne pouvoir être enlevées ni recouvertes avant huit jours de publication.

Il observe que, dans la commune, on se contente de les attacher à un clou les unes sur les autres et qu'elles n'y restent pas souvent un jour entier.

La Société vote une motion invitant la Municipalité à donner des ordres les plus précis à ce sujet à son greffier.

Changement de nom de la commune.

Sur la demande de l'instituteur, la Société vote la motion suivante :

12

« Considérant

« Que cette commune tire son nom de la superstition et du fanatisme, il est indispensable de le changer contre celui que la nature et le patriotisme des habitans lui présentent ;

« Que la commune de Saint-Arnoult située sur une des plus hautes collines, sur le bord de la Seine, au district d'Yvetot, entourée des vallées de Caudebec, de Sainte-Gertrude, des vallons de Saint-Nicolas-de-la-Haye, Saint-Gilles-de-Crétot, Saint-Sylvestre et Anquetierville, ne présente qu'une haute montagne ;

« Considérant aussi

« Que les habitans de cette grande commune ont toujours été dans le sens de la Révoluion et ont toujours reconnû les principes de la Montagne de la Convention nationale dont ils font serment de ne jamais s'écarter ;

« La Société arrête :

« Qu'elle donne adhésion à l'arrêté du Conseil général de la commune du... (1) de ce mois, par lequel il a été décidé qu'à l'avenir ladite commune porterait le nom de *La Montagne-sur-Seine*, au district d'Yvetot ».

La Société arrête en outre que pour être autorisée à ce changement, il sera fait une adresse à la Convention pour en « former la demande, la féliciter de ses travaux, et l'inviter à rester à son poste jusqu'à ce que les conspirateurs et les traîtres soient anéantis et que la Patrie soit hors de danger ».

Il est décidé aussi que la Municipalité sera invitée à concourir à la rédaction de cette adresse en nommant deux commissaires à cet effet.

Enseigne et croix fanatiques.

Sur l'observation d'un membre, il est décidé qu'il sera écrit à un cabaretier de la commune pour l'engager à réformer son enseigne pour le décadi prochain, parce qu'elle présente des signes de fanatisme.

(1) La date est restée en blanc sur le registre.

La Société renouvelle sa défense aux femmes et aux filles des sociétaires de pénétrer dans le lieu des séances, « munies d'aucuns signes extérieurs de la religion. »

CINQUIÈME SÉANCE. — 30 germinal (19 avril 1794).

Les trois membres présentés à la dernière séance sont « épurés » au moyen de deux marques différentes distribuées aux assistants, l'une pour l'admission, l'autre « pour la rejettion ». — Ils sont admis, prêtent serment et « reçoivent l'accolade fraternelle ».

Présentation d'une liste de vingt noms.

Le Maire présente une déclaration de démission de la part de deux notables et de huit membres du Comité de surveillance. Il est immédiatement procédé au vote d'une liste de vingt noms à présenter à l'Administration pour leur remplacement,

Première adresse à la Convention.

Le président donne ensuite lecture de l'adresse suivante composée par les quatre commissaires désignés à la précédente séance.

« LIBERTÉ, EGALITÉ, FRATERNITÉ,

« *La Société populaire de Saint-Arnoull, district d'Yvetot, département de la Seine-Inférieure,*

« *A la Convention nationale,*

« LÉGISLATEURS,

« Recevès les hommages de vrais républicains sur vos immortels travaux. Des traîtres ont siégé parmi vous, ils avaient médité de nous donner de nouveaux fers en rétablissant la royauté sur les ruines de la République. Vous avés déjoué leurs infâmes complots et les avés livrés à la vengeance nationale (1).

(1) Allusion à la condamnation et à l'exécution des Girondins (31 octobre 1793).

14

« Braves Montagnards, restés à votre poste, nous vous le conjurons, affermissés l'édifice que vous avés fondé et ne vous séparés
point sans avoir fait tomber la tête du dernier des conspirateurs et
des traîtres. Surtout, éloignés de tous les emplois civils et militaires les ci-devant nobles et les prêtres; tant qu'ils seront au
moindre poste vos grands travaux seront toujours entravés. L'expé-
rience du passé fait frémir pour l'avenir si on ne les écarte.

« Pour nous, législateurs, nous n'avons que des bras à vous
offrir, nous sommes sans fortune, occupés à la culture d'un sol
arride sur les plus hauts rochers de la rive droitte de la Seine, au
district d'Yvetot, et entourés de forrêts et vallons. Au reçu de
votre décret qui invite tous les citoyens à faire des offrandes, soit
en chemises, bas et souliers pour nos braves soldats, notre Municipalité, notre Comité de surveillance et la Société populaire se
sont empressés de se réunir pour inviter tous les bons citoyens à
cette offrande. Le produit de notre travail ne nous a procuré que
trente chemises, une paire de soulliers et cinq paires de bas, mais
c'est le denier de la veuve, et nous espérons qu'il ne sera pas in-
digne de vous, puisqu'il part de bons patriotes qui peuvent se dire
tels depuis les premiers instants de la Révolution.

« Législateurs, le fanatisme est terrassé dans notre commune.
Notre ci-devant église est dédiée au temple de la Raison; nos
vases d'argent, nos cloches et les cercueils de plomb que l'ambition
avait fait enfouir sont déposés à l'Administration de notre district;
en un mot, la Raison a remplacé la Superstition.

« Pour en faire oublier jusqu'aux moindres traces nous avons dé-
libéré que le nom de Saint-Arnoult que porte notre commune sera
changé en celui de *La Montagne-sur-Seine*, au district d'Yvetot,
nom que la nature nous donne par notre position. Nous avons
arrêté qu'il vous sera présenté une pétition pour autoriser le changement et nous espérons que vous nous accorderés cette autorisa-
tion, en vous priant de croire que nous ne serons jamais indignes
de notre nouveau nom, que le serment que nous avons fait d'être
unis d'esprit et de cœur à la Montagne de la Convention nationale
ne sera point violé. Nous le réitérons en jurant de nouveau :

Guerre aux tirans, paix aux chaumières, de maintenir la Liberté, l'Egalité, l'Unité et l'Indivisibilité de la République française ».

Cette adresse, adoptée à l'unanimité, sera envoyée à la Convention « dans le plus bref délai possible ».

SIXIÈME SÉANCE. — 10 floréal (29 avril), 3 heures après midy.

Démission du capitaine de la garde nationale.

L'un des membres de la Société, garde des forêts nationales et en même temps capitaine d'une compagnie de la garde nationale de la commune donne sa démission de capitaine, vu l'imcompatibilité des deux places, et vu qu'il n'a pas le temps de remplir cette seconde fonction.

La Municipalité sera invitée à recevoir sa démission et à le faire remplacer « dans le plus bref délai possible ».

Abonnement à La Feuille du Cultivateur.

Sur les indications d'un arrêté du « *Directoire régénéré* » du Département, la Société décide de s'abonner à *La Feuille du Cultivateur*, parce que ce journal sera lu au commencement de chaque séance.

Cotisation.

Chaque membre paiera désormais 20 sous. — C'est sur cette masse que sera pris l'abonnement.

Nomination d'un trésorier.

Un trésorier est nommé pour recevoir les fonds et payer les menues dépenses de la Société.

Invitations à la Municipalité.

La Municipalité est invitée :
1° A charger en « pommes de terre » le jardin du vicariat et à

engager l'ex-curé à en faire de même dans la partie de masure qui en était chargée l'année dernière ;

2° A faire disparaître les « fleurs de lys » qui sont sur les bornes de la forêt nationale « existante en cette commune ».

Demandes de renseignements.

Le président est chargé d'écrire à l'Administration :

1° Pour lui donner avis de l'installation de la Société, lui demander d'envoyer tous les décrets, instructions et arrêtés adressés aux Sociétés populaires ;

2° Et pour la consulter sur le terrain de l'émigré Bailleul où il a été abattu du bois pour le chauffage des citoyens de la première réquisition « aux fins d'y faire planter des pommes de terre dès cette année ».

Première dénonciation.

R.... dénonce M.... pour avoir ce matin fait herser au mépris de l'arrêté du 4 ventôse.

M.... répond : « qu'il est bien vrai qu'il a fait herser ce matin pour finir 3 acres d'avoine dans lesquelles il avait semé du treffe hier l'après midy, qu'il fut surpris de la nuit et ne put finir ; que ce matin, le temps menaçait de donner beaucoup de pluye, qu'il en est même tombé et qu'il a craint qu'elle ne continue, ce qui l'a déterminé à achever d'arrenger son avoine, parce que si le mauvais temps eut duré deux ou trois jours son treffe en aurait souffert ; qu'il est bien dans le cas des exceptions du réglement, puisqu'il y aurait eu péril s'il eut remis son ouvrage à demain et que la pluye eut continué ».

La Société passe à l'ordre du jour pour les motifs ci-dessus indiqués, et aussi parce que M.... a été occupé presque toute la semaine à des fonctions publiques comme officier municipal.

SEPTIÈME SÉANCE.

Dans sa septième séance, tenue le 20 floréal (0 mai), la Société n'eut à s'occuper que d'une seule affaire :

Secours aux défenseurs de la Patrie.

Un membre se plaint que la loi qui accorde des secours aux parents des défenseurs de la Patrie soit restée sans exécution.

La Société décide qu'il sera écrit à la Municipalité pour l'inviter à lui donner connaissance de ce qui a été fait pour l'exécution de la loi, et, au cas où elle soit restée sans exécution, de s'en occuper sans délai.

HUITIÈME SÉANCE. — 10 prairial (29 mai).

Lettre de la Convention nationale.

Le président donne lecture d'une lettre de la Commission des Dépêches de la Convention nationale annonçant que l'adresse envoyée par la Société a été lue à la Convention le 8 de ce mois, et « qu'il en a été ordonné mention honorable, insertion au Bulletin, et qu'elle a été renvoyée aux Comités d'instruction publique et de division pour le changement de nom sollicité ».

Marchés déserts. — Disette de beurre et d'œufs.

Le président se plaint que les marchés sont déserts et qu'on ne peut plus y trouver ni beurre ni œufs. Il invite les cultivateurs à apporter leurs denrées comme avant la Révolution.

Sur sa proposition, une lettre amicale sera adressée à la Société populaire de Caudebec pour l'engager à inviter la Municipalité de ladite ville à donner sûreté et protection aux vendeurs et acheteurs dans ses marchés, en posant un piquet de garde nationale sur les

18

routes pour empêcher « qu'on n'arrête les cultivateurs pour les
forcer à vendre leurs denrées avant d'être arrivés aux marchés ».

De son côté, la commune d'Arnoult (*sic*) posera une garde jusqu'à l'extrémité de son territoire pour arrêter ces abus.

La Municipalité de Caudebec sera invitée à rapporter son règlement de police qui fixe une heure particulière pour l'approvisionnement de ses habitants « avant que ceux des campagnes puissent
y entrer ».

Le citoyen Ferey, de la Société populaire de Caudebec, présent
à la séance, se charge de porter cette lettre à la Société.

Disette de charbon de terre.

Le citoyen Quertier, taillandier à Caudebec, sollicite l'autorisa-
tion « de faire une fournée de charbon sur la commune du Dos-
d'Ane, parce qu'il est impossible de trouver du charbon de terre ».

La Société et le peuple autorisent et Quertier remercie.

Invitations à la Municipalité.

Le Président est chargé d'écrire à la Municipalité :

1° Pour qu'elle vende « l'herbage du cimetière » ;

2° Pour qu'elle change l'inscription qui est sur la porte du
temple et d'y substituer celle voulue par le décret du..... (1).

Seconde et troisième dénonciations.

1° Un membre cherche « à donner du doute » sur le patriotisme
d'un citoyen qu'il accuse de vendre au-dessus du maximum.
Avant de pouvoir nommer ce citoyen, il est interpellé pour décla-
rer s'il est en mesure de prouver les faits qu'il entend dénoncer. Il
dit que non.

Sur la demande de deux autres membres, la Société décide de
passer à l'ordre du jour sur la dénonciation, mais que, par mesure

(1) La date est restée en blanc sur le registre.

d'ordre, à l'avenir, tout dénonciateur qui ne prouvera pas les faits dénoncés par lui « sera rayé de la Société et regardé comme mauvais citoyen et dénoncé comme calomniateur et suspect » ;

2° F... est dénoncé par B... pour avoir tenu des propos inciviques contre la Municipalité et la Garde Nationale qui sont allés faire une visite domiciliaire chez lui.

B... se dit être en état de le prouver. En conséquence, tous deux seront convoqués pour la prochaine séance.

NEUVIÈME SÉANCE. — 20 prairial (8 juin).

Marché de Caudebec. — Toujours la disette de beurre et d'œufs.

Lecture est donnée d'une lettre de la Société populaire de Caudebec remerciant de la lettre envoyée à l'occasion des mesures à prendre pour l'approvisionnement du marché. Elle annonce qu'aux deux derniers marchés, grâce aux mesures prises, les vendeurs et les acheteurs n'ont éprouvé aucune difficulté, malgré le peu de denrées apportées.

Le président propose qu'il soit écrit aux Sociétés populaires d'Anquetierville, Grandcamp et Maurice-d'Etelan pour les inviter à engager leurs cultivateurs à porter tout leur beurre et tous leurs œufs aux marchés sans en vendre ailleurs. — Adopté.

Un membre dit qu'une femme de la commune s'est plainte qu'elle n'a pu avoir de beurre à Caudebec lors du dernier marché, qu'il lui en a été refusé par les commissaires présents. Cette femme sera convoquée à la prochaine séance.

Première radiation d'un membre.

A ce moment un coup de théâtre se produit. Le citoyen F... se présente et monte à la tribune pour se justifier de l'accusation portée contre lui à la dernière séance.

De ses réponses il résulte « qu'il a tenu des propos indécents contre la Municipalité qui lui avait donné une réquisition de fournir du bled à un citoyen ; qu'il s'était refusé de satisfaire à cette réquisition en disant qu'il ne lui restait que la valleur de treize boisseaux de bled, tant en grains qu'en farines, tandis que de la perquisition qui a été faite chez lui, il en est résulté qu'on y a trouvé sept boisseaux de criblures, six boisseaux convertis en farine, un autre boisseau de bled et six boisseaux au moulin, et qu'en outre on a trouvé six autres boisseaux cachés dans des paquets de lin, que cette conduite de F... a été réprimée par la Municipalité qui l'a désarmé et condamné en dix-huit livres d'amende ».

La Société, indignée d'une pareille conduite de la part d'un de ses frères, « décide de le rayer sur le champ de la liste ». — Il descend de la tribune et se retire immédiatement.

« Cet acte de justice », ajoute le procès-verbal, « a été singulièrement approuvé par tous les citoyens des tribunes ».

Félicitations au public.

Le président témoigne ensuite au peuple sa satisfaction de le voir assister en si grand nombre à cette séance et à la précédente. Il l'invite à continuer d'assister à toutes les séances et à s'abstenir de tout travail le jour des décades.

Pour la première fois, la séance est terminée par le chant d'un « cantique à l'Être suprême ».

DIXIÈME SÉANCE. — 30 prairial (18 juin).

Renouvellement du Bureau.

Sur la demande du président qui expose que le Bureau est en fonctions depuis trois mois, de nouvelles élections ont lieu et il est décidé qu'il en sera fait ainsi tous les trois mois.

Le président est élu secrétaire et le secrétaire est élu président. — Seuls le vice-président et le secrétaire adjoint sont remplacés.

Lecture du journal.

Le nouveau secrétaire donne lecture du journal par lequel on apprend l'heureuse nouvelle de l'arrivée à Brest de notre grand convoi et d'un avantage remporté sur les Anglais par notre flotte inférieure en nombre à celle « de ces insulaires ».

Pour remercier l'Être suprême de protéger d'une façon si visible les armées de la République, il lui est chanté des actions de grâces par l'instituteur et le secrétaire de la Municipalité.

Quatrième dénonciation et seconde radiation.

Un membre dénonce le citoyen D..., membre de la Société « qui a travaillé aujourd'hui à sarcler du lin ». Celui-ci convient du fait et est immédiatement « retranché » du nombre des {sociétaires.

Invitation à la Municipalité.

Sur la demande du secrétaire, la Municipalité et le Comité de surveillance sont invités à faire promulguer au son du tambour dans tous les carrefours et places publiques le décret de la Convention du 18 floréal instituant des fêtes décadaires, et à prendre des arrêtés pour le faire exécuter.

ONZIÈME SÉANCE. — 10 messidor (28 juin).

Lettre au Comité de salut public.

Encore une séance très courte.

Après la lecture des journaux, la Société décide d'écrire au Comité de Salut public, pour le consulter sur le fait de savoir si l'on peut obliger les citoyens à fêter les décades et autres fêtes décrétées par la Convention, et pour se plaindre de ce que, dans la plupart des communes de ce district, les fêtes ne sont point observées, et pour demander qu'il soit proposé une loi pour l'observance de ces fêtes.

DOUZIÈME SÉANCE. — 20 messidor (8 juillet).

Délivrance de la France.

Les journaux apprennent la nouvelle que nos armées ont repoussé les ennemis de tous les points envahis, et que la France est enfin sauvée de l'invasion européenne. « Ces nouvelles ont été singullièrement aplaudies par les membres de la Société et par le peuple des tribunes ». — Un hymne d'actions de grâces à l'Être suprême sera chanté en fin de séance par l'instituteur et ses élèves.

Fête du 14 juillet.

La Municipalité et le Comité de surveillance sont invités à prendre tous les moyens en leur pouvoir pour donner à la fête du 14 juillet « *vieux stille*, toute la pompe et la magnificence dues à un jour aussi mémorable ».

Salaire des moissonneurs.

Il sera écrit aux Sociétés populaires des environs pour leur donner avis que celle de Saint-Arnoult (*sic*) se dispose à prendre toutes les mesures possibles pour l'exécution de l'arrêté du Comité de salut public qui fixe le prix des moissonneurs pour la prochaine récolte, et veiller à ce qu'il ne soit fait aucune distinction entre les jours ouvrables et les ci-devant dimanches.

Repos des jours décadaires.

Un membre dit que presque tous les bûcherons travaillent les jours décadaires dans la forêt et se reposent les jours des ci-devant dimanches. Il sera écrit au citoyen Deschamps, de Caudebec, pour l'inviter à faire cesser le travail dans ses ventes lesdits jours, et à la Société populaire de Caudebec pour l'inviter à recommander audit citoyen de s'y conformer.

Cinquième dénonciation.

Un citoyen demande la parole. — Quoique n'étant pas de la Société, elle lui est accordée.

Il dit qu'un membre de la Société avec lequel il a fait route dimanche dernier (*sic*) en allant travailler à la vente lui a dit qu'il avait tort de travailler le dimanche. Sommé de dire le nom, il accuse L... père. Mais comme il ne se dit pas en état « de prouver son avancé », il est décidé qu'ils seront convoqués tous deux à la prochaine séance.

Toujours les pommes de terre.

Des ouvriers seront mis en réquisition pour « fouir et renchausser » les pommes de terre que la Société a fait planter dans le jardin du ci-devant vicariat. — Des mandats leur seront délivrés par le président pour se faire payer par le trésorier.

TREIZIÈME SÉANCE. — 24 messidor, 7 heures du soir (12 juillet).

Fête du 14 juillet à Yvetot.

La Société est convoquée extraordinairement pour élire deux délégués chargés de se rendre le lendemain à Yvetot, afin d'assister à la cérémonie organisée pour l'anniversaire de la journée du 14 juillet 1789, « jour qui a vu tomber les affreux cachots creusés par la tirannie et briser les fers de l'esclavage ».

Deux membres sont élus pour « fraterniser avec les frères de cette grande commune ». Il leur est délivré immédiatement un extrait de leur nomination.

QUATORZIÈME SÉANCE. — 30 messidor (18 juillet).

Disette d'huile.

L'inscription concernant la reconnaissance de l'Être suprème et de l'immortalité de l'âme n'étant pas encore apposée sur le temple, le secrétaire de la Municipalité, qui s'en était chargé, affirme

24

« que c'est parce qu'il n'a pas encore pu se procurer d'huille » et il
promet de faire tous ses efforts pour en avoir dans le plus court
délai.

Compte rendu de délégation.

L'un des deux commissaires élus à la dernière séance rend
compte de sa délégation à Yvetot. Il dit qu'il y a été très bien reçu
et qu'il est chargé de donner à tous ses frères l'accolade fraternelle de la part de ceux d'Yvetot. Ce qu'il fait aux cris répétés de :
« Vive la République! Vive la Montagne! »

Sixième dénonciation.

Le même commissaire fait ensuite reproche au président d'avoir
dit à la séance du 20 dernier que son père « ne pourrait montrer
un fer forgé dans sa forge les jours qu'on appellait jadis fêtes et
dimanches ».

Le président quitte son fauteuil et monte à la tribune. Il reconnaît « qu'il est bien vrai qu'à la dernière séance pendant que L...
père s'expliquait avec Jean R..., il a dit que celui-ci était un bon
patriote qui avait toujours respecté la décade et travaillé les autres
jours, tandis que L... père aurait peut-être de la peine à faire
voir un fer qu'il ait fabriqué le dimanche ».

L... fils, piqué au vif, en profite pour le dénoncer de cumuler
plusieurs places et de recevoir un traitement comme greffier de
juge de paix et un autre comme instituteur.

Le président répond qu'il a déjà donné sa démission de greffier,
qu'il la réitère, mais qu'il est obligé de continuer ses fonctions jusqu'à son remplacement.

L... fils recommence ses reproches. Pour sortir de cette « dis-
pute », il est décidé que cette affaire est « adjournée » à la prochaine
séance, et acte est donné au président de la « réitération » de sa
démission.

QUINZIÈME SÉANCE. — 10 thermidor (28 juillet).

Le citoyen Pierre Béquet, de Villequier, sollicite son inscription. — Renvoyé à la prochaine séance pour l'enquête obligatoire.

La moisson étant la cause « que peu de citoyens se sont trouvés à la séance », celle-ci est levée aux cris de : « Vive la République! Vive la Montagne! »

SEIZIÈME SÉANCE. — 20 thermidor (7 août 1794)

Salpêtre.

Le citoyen A..., nommé commissaire pour faire des cendres pour le salpêtre, donnera à la prochaine séance les noms des citoyens n'ayant pas satisfait à l'invitation qui leur a été faite de fournir des bourrées d'arbustes, ronces, etc., afin de les inviter de nouveau à faire leur devoir.

Seconde adresse à la Convention nationale.

Une nouvelle adresse est votée à la Convention à l'occasion de l'exécution de Robespierre. Elle est conçue en ces termes :

« Liberté, Egalité, Fraternité.

« *La Société populaire et tous les habitants de la commune d'Arnoult, canton de Caudebec, district d'Yvetot, département de la Seine-Inférieure,*

« *A la Convention nationale,*

« Législateurs,

« Relégués au fond des campagnes, aussitôt la fatale nouvelle de l'infâme trahison du tiran Robespierre et de ses complices, nous avons frémi d'horreur, nous avons formé des regrets d'être aussi éloignés de vous, nous eussions couru au devant des dangers et nous vous eussions fait un rampart de nos corps si on eût ossé effectuer les crimes médités contre vous. Mais lorsque nous avons appris cette nouvelle conspiration, les traîtres avaient déjà payé de leurs têtes les attentats qu'ils avaient médités contre la représentation nationale et la liberté du peuple françois. Le génie de la France l'a encore une fois sauvée, les sections de Paris veillent à la conservation de nos dignes représentans, elles sont dignes de nos reconnaissances.

« Vous, pères du peuple, restés fermes à votre poste, nous vous en conjurons, toutes les conspirations seront détruites et leurs auteurs, à l'exemple de ce nouveau Catilina leur modèle, périront sur l'échafaud

« Vive la République! Vive la Montagne! »

DIX-SEPTIÈME SÉANCE. — 30 thermidor (17 août).

Distribution de savon non faite.

Sur la motion d'un membre, la Société invite la Municipalité à faire le plus tôt possible la distribution du *savon* qu'elle a reçu.

Distribution de secours aux indigents non faite.

Sur la motion d'un autre membre il sera rappelé à la Municipalité qu'elle a reçu il y a plus d'un mois « une somme de 72 livres pour les patriotes indigents » et qu'elle ne s'est pas encore occupée d'en faire la répartition qui aurait dû être faite sans délai « puisque tout travail doit cesser pour saisir l'occasion qui se présente de secourir les malheureux ».

Démission du lieutenant de la garde nationale.

Le citoyen H..., membre du Comité de surveillance et lieutenant de la garde nationale, donne sa démission de lieutenant, pour cause d'incompatibilité entre les deux places.

Comme le capitaine D... est aussi démissionnaire et n'est pas encore remplacé, il sera écrit à la Municipalité pour qu'elle pourvoie au remplacement de ces deux officiers.

DIX-HUITIÈME SÉANCE. — 10 fructidor (27 août).

Distribution de graines non faite.

Le citoyen M..., officier municipal, est invité à venir s'expliquer au sujet d'une distribution, qu'il n'a pas encore faite aux habitants, de graines reçues par lui de la Municipalité de Caudebec.

Il reconnaît avoir reçu un paquet de différentes graines, mais qu'il en a égaré une partie et que le surplus a été oublié dans ses poches. Il en rendra compte au peuple à la prochaine décade.

Lecture des lois.

Un membre se plaint que la lecture des lois annoncée pour 10 h. 1/2 du matin n'a jamais lieu avant 11 heures et même plus, ce qui fait que beaucoup de personnes s'ennuient et s'en vont « sans attendre les lois ».

Il sera écrit à la Municipalité pour qu'elle respecte l'heure qu'elle a fixée elle-même dans son arrêté.

Nouvelle épuration demandée.

Un autre membre demande qu'une nouvelle épuration des membres de la Société soit faite dans le plus bref délai. — Il est décidé qu'elle sera faite le quartidi de la prochaine décade à 6 heures du matin.

DIX-NEUVIÈME SÉANCE. — 14 fructidor (31 août).

Désignation de deux commissaires à l'épuration.

Séance très courte, dans laquelle le président et le secrétaire sont désignés pour procéder à l'épurement demandé à la dernière séance, et pour poser des questions aux membres de la Société. —

Eux-mêmes n'entreront en fonctions qu'après avoir été épurés sur les questions qui leur seront posées par le vice-président ou par des commissaires nommés à cet effet.

VINGTIÈME SÉANCE. — 20 fructidor (6 septembre 1794).

Nouvelle épuration des membres de la Société.

L'épuration commence par celle du président et du secrétaire. Deux commissaires sont élus pour les interroger et prennent place au Bureau.

Les deux « épurés » montent ensuite à la tribune et sont interrogés sur différentes époques de la Révolution et sur les principes qu'ils ont professés. Ils répondent « d'une manière satisfesante ».

« Tous les membres de la société et des tribunes consultés ayant déclaré qu'ils sont dignes de la confiance publique, qu'ils ont toujours professé les principes de la Liberté et de l'Egalité, et qu'ils ont toujours montré un attachement particulier à la Révolution française et au Gouvernement républicain, il a été déclaré par le vice-président qu'ils étaient dignes d'être membres de la Société et sont descendus aux cris de : « Vive la République ! Vive la Montagne ! »

Sont ensuite épurés et admis de la même manière vingt autres membres anciens et un nouveau. Huit anciens membres absents seront épurés aux séances suivantes.

En somme, cette nouvelle épuration n'a servi à rien, puisque, comme la première fois, pas un seul membre n'est exclu. La société se compose à ce moment de trente et un membres.

VINGT-ET-UNIÈME SÉANCE. — 30 fructidor (16 septembre).

Malgré l'épuration qui vient d'avoir lieu, l'enthousiasme des premiers jours s'est considérablement refroidi ; aussi un membre monte-t-il à la tribune pour dénoncer avec indignation tous les faux frères qui ne respectent plus ni le règlement de la Société, ni les lois de la République.

La délibération tout entière mérite d'ailleurs d'être conservée pour montrer l'état des esprits dans nos campagnes après la chute de Robespierre. Nous la transcrivons ci-dessous, quoiqu'elle soit un peu longue.

Repos décadaires non observés.

« Un membre voit avec peine que la majeure partie des membres de la Société et des citoyens ne célèbre plus les jours de décadi, tandis que le fanatisme renaît plus que jamais. Les jours de ci-devant dimanches et festes, non-seulement dans cette commune, mais dans la majeure partie de ce district sont observés au point qu'on ne voit personne travailler ; que les femmes se parent dans ces jours pour se promener au lieu de les employer à des travaux utiles ; qu'aucun cultivateur ne fait travailler dans ses terres ; que le peu qui s'en trouve qui se sont dépouillés des anciens préjugés ne peuvent trouver aucun ouvrier qui veullent travailler dans ces jours, tandis que presque tout le monde travaille les jours de décadi sans assister à la lecture des lois ; que les femmes surtout montrent un tel mépris pour ces jours qu'elles s'attroupent pour travailler dans les rues, en dérision des patriotes qui assistent aux instructions publiques qui se font dans les temples, et à la lecture des lois ; que les pères et mères retiennent leurs enfants sans les envoyer aux écoles primaires dans lesdits jours des ci-devant festes et dimanches ; qu'ils les empêchent aussi de se rendre avec l'instituteur les jours de décadi à la lecture des lois et aux instructions patriotiques qui se font au temple ; que le mal sera bientôt à son comble si on n'y apporte un prompt remède. »

En conséquence, il dépose une motion tendant :

1° A ce qu'il soit écrit à la Convention nationale pour l'inviter à rendre une loi qui force tous les républicains « à s'absenter de tout travail les jours de décadi et de fêtes civiques par elle instituées » ;

2° Que la Société écrive à la Municipalité pour l'inviter à

donner à la fête du dernier jour de l'année toute la solennité possible ;

3° Que cette fête soit annoncée à son de tambour dans tous les carrefours et places publiques de la commune ;

4° Qu'il soit également annoncé que « tous pères et mères qui n'enverront pas leurs enfants aux écoles primaires les jours de ci-devant dimanches et fêtes, sans excuses légitimes, seront regardés comme suspects, et poursuivis comme tels et punis suivant la Loi » ;

5° Qu'il sera écrit à l'instituteur « afin de dénoncer ceux desdits pères et mères qui retiendraient leurs enfants lesdits jours » ;

6° Que la Municipalité sera invitée à faire prendre les armes à la garde nationale ledit jour 5° complémentaire aux fins de donner plus d'éclat à la fête.

Cette motion est adoptée à l'unanimité.

Rappel d'un sociétaire rayé.

Sur la motion d'un autre membre il est décidé qu'on écrira à D... (rayé le 20 prairial), pour lui faire savoir que la Société le rappelle dans son sein, puisqu'il n'est pas plus « criminel » que d'autres membres qui ont travaillé depuis à pareils jours ; — mais que, cependant, il sera invité comme tous les autres à célébrer le décadi « jusqu'à ce que la Convention ait parlé ».

Offrandes patriotiques.

Sur la motion d'un membre, deux commissaires sont nommés pour presser les citoyens à faire leur offrande patriotique pour la fourniture d'un vaisseau, conformément à l'arrêté du département du..... (1).

Acquisition de bustes.

Un autre membre demande que la Société fasse l'acquisition des bustes de « Marat, Pelletier, Brutus et autres grands hommes en

(1) Date restée en blanc.

Révolution ». — Remis à la prochaine séance pour trouver les fonds nécessaires.

Invitation à un officier municipal.

Il sera écrit au citoyen M..., officier municipal, pour qu'il rende compte au peuple au moment de la fête prochaine de l'emploi des graines qui lui ont été délivrées par la Municipalité de Caudebec pour tous les habitants de la commune.

C'est ce jour que le procès-verbal constate que l'instituteur n'a plus que deux élèves pour chanter avec lui les hymnes patriotiques accoutumés.

VINGT-DEUXIÈME SÉANCE. — 5ᵉ Sans-culotides (21 septembre 1794).

Lecture de plusieurs lettres et adresses.

Lecture est donnée :

1° D'une lettre de la Convention nationale annonçant que l'adresse envoyée le 23 thermidor dernier a été lue à la Convention « qui en a ordonné mention honorable et inscription au Bulletin » ;

2° D'une adresse de la Société populaire de Rouen du 20 fructidor aux habitants des communes rurales de la Seine-Inférieure, pour les prémunir contre les factions des ennemis de l'État et contre le fanatisme « qui semble relever la tête plus que jamais » ;

Il est ordonné que cette adresse sera lue pendant trois décades aux séances de la Société, et qu'une lettre de remerciement sera adressée à la Société de Rouen pour l'assurer que la « Société d'Arnoult » fait tout ce qui est en son pouvoir pour ramener les habitants « dans les principes du vrai républicanisme » ;

3° Du jugement qui condamne le nommé Danfernet dit Debures, ex-noble et ex-prêtre, à la peine de mort, pour « n'avoir point sorti

32

du territoire de la République dans le délai fixé par la Loi et y avoir prêché le fanatisme » (1) ;

4° De l'adresse votée à la précédente séance pour être envoyée à la Convention, et ainsi conçue :

Troisième adresse à la Convention nationale.

« Liberté, Egalité, Fraternité. »

« *La Société populaire et républicaine de la commune d'Arnoult, département de la Seine-Inférieure, district d'Yvetot, canton de Caudebec.*

« *A la Convention nationale,*

« Législateurs;

« En annéantissant le calendrier romain Vous en avés établi un républicain. Dans le premier les jours du repos étaient les dimanches et fêtes.

« Dans le second Vous avés ordonné que ces·jours de repos seraient les jours décadaires, ceux représentant les 14 juillet 1789, 10 août 1792, 21 janvier et 31 mai 1793 et le dernier des sans-culotides.

« Vous avés institué des fêtes pour chacun de ces jours et nous voyons avec douleur que Vôs Lois à cet égard sont absolument oubliées dans presque toutes les communes de ce district, même dans la plupart de notre département, notamment dans les campagnes.

« Au mois de germinal dernier, nous Vous annoncions avec bien

(1) *V.* sur d'Anfernet de Bures :

1° Julien Loth, *M. l'abbé d'Anfernet de Bures.* Rouen, imp. Mégard, 1865, in-12 de 36 p. et deuxième édition, Rouen, E. Cagniard, 1866, in-8° de 120 p. et 4 p. prélim.

2°. E. de la Quérière, membre de l'Académie des Sciences, Belles-Lettres et Arts de Rouen, de la Société d'Emulation du commerce et de l'industrie et de la Société des antiquaires de Normandie, *Examen de l'apologie de M. l'abbé d'Anfernet*, prêtre insermenté, publiée par M. l'abbé Loth. Rouen, imp. H. Boissel, 1866, in-8° de 29 p.

3° Julien Loth, *Réponse à M. E. de la Quérière au sujet de l'abbé d'Anfernet de Bures*. Rouen, imp. E. Cagniard, in-8° de 32 p.

du plaisir que le fanatisme était terrassé dans notre commune. Aujourd'huy, malgré nos efforts, nous sommes obligés de changer de langage et de Vous dire que nos fêtes décadaires sont désertes, il ne se trouve presque personne à la lecture des Lois et aux instructions patriotiques qui se font dans ces jours. Tandis que dans les jours de ci-devant dimanches et de fêtes romaines, on voit presque tous les habitans des campagnes, cultivateurs, marchands, ouvriers, etc., etc., cesser leurs travaux, se parer, se divertir et se promener, au lieu que dans les fêtes républicaines ils osent travailler publiquement en quelques sorte pour insulter à Vos décrets.

« Il y a plus, on voit les officiers municipaux de la pluspart de nos communes chaumer les anciens dimanches et fêtes et faire travailler leurs charrues les jours de fêtes décadaires, et lorsque les Sociétés populaires leur en font des reproches, lorsqu'on leur dit que comme magistrats du peuple ils doivent donner l'exemple de l'obéissance aux Lois, lorsqu'on leur fait voir Votre décret du... (1) qui institue des fêtes décadaires et les motifs de celui qui porte qu'il n'y aura que le 5ᵉ jour des sans-culotides de fêté, ils soutiennent qu'aucun de ces décrets n'obligent impérativement à cesser le travail dans ces jours. Ils sont bien condamnables ces magistrats infidèles ; au lieu de prêcher l'obéissance aux Lois, ils donnent eux-mêmes l'exemple de la désobéissance.

« Déjà, citoyens représentans, Vous avez reçu des plaintes à cet égard entr'autres de la commune de Verneuil. Cette commune a sollicité de Votre sagesse une loi positive pour faire respecter les fêtes décadaires et pour atterrer le fanatisme qui lève la tête plus que jamais.

« Si c'est une ci-devant ville qui Vous a fait cette invitation, souffrés que, du fond des campagnes, quelques patriotes qui y restent imitent son exemple, persuadés qu'il faut pour consolider la République que tous ses habitans se réunissent dans les temples aux mêmes jours pour rendre à l'Eternel l'homage qui luy est du et

(1) La date est restée en blanc sur le registre.

attendre la lecture de Vos décrets que nous nous ferons toujours un devoir de respecter et d'exécuter jusqu'à la mort.

« Vive la République ! ».

Cette adresse est approuvée à l'unanimité et il est décidé qu'elle sera envoyée dans le plus bref délai.

Fête du 5ᵉ sans-culotides. — Invitation à la Municipalité.

Un membre se plaint :

1ᵉ Que la Municipalité ne donne pas assez d'éclat aux fêtes décadaires et autres fêtes républicaines ;

2ᵒ Qu'à la fête de ce jour, à laquelle le Conseil général de la commune devait assister, ainsi que les autorités constituées revêtues de leurs marques distinctives, il n'y avait qu'un seul officier municipal en écharpe.

Le lieutenant de la garde nationale se plaint aussi que la Municipalité n'ait pas envoyé de réquisition écrite aux capitaines, lesquels n'en ont pas donné à leurs subalternes, ce qui fait qu'il ne s'est présenté presque personne sous les armes.

Il sera écrit à la Municipalité pour que pareils faits ne se reproduisent plus.

Assistance aux séances.

Sur la motion d'un membre, il est décidé que les sociétaires seront invités à assister plus régulièrement aux séances et que ceux qui sans excuse légitime seront trois décades sans y venir, seront rayés de la liste de la société.

Acquisition de deux bustes.

Deux commissaires sont nommés pour l'acquisition des bustes de Marat et de Pelletier.

VINGT-TROISIÈME SÉANCE. — 10 vendémiaire an III (1er octobre 1794).

Liste de présentation de notables.

Il est procédé à la formation d'une liste de présentation de huit notables en remplacement de démissionnaires. Cette liste sera présentée au « Représentant du Peuple en mission dans le département ».

Offrandes patriotiques.

Un membre se plaint que les deux commissaires nommés pour recueillir les offrandes patriotiques pour la construction d'un vaisseau n'ont point encore terminé leur tournée. L'un des commissaires, présent, promet que ce sera fait bientôt.

VINGT-QUATRIÈME SÉANCE. — 20 vendémiaire an III (11 octobre 1794).

Démissions.

Lecture est donnée de deux lettres :

1° Du Maire de la commune l'informant qu'il vient de remettre entre les mains de la Municipalité sa démission, ainsi que celle d'assesseur du juge de paix, pour cause d'incompatibilité et d'infirmités, et demandant au Président qu'il soit écrit à la Municipalité pour annoncer à son de tambour qu'à la séance d'aujourd'hui de la Société Populaire, il sera procédé au choix de deux candidats à présenter pour le remplacer ;

2° De l'agent national de la commune donnant également sa démission, vu ses infirmités et son grand âge.

Renouvellement du Bureau.

La Société renouvelle d'abord son Bureau. Le chassé-croisé recommence, le président redevient secrétaire, et le secrétaire redevient président. Deux nouveaux membres occupent les sièges de vice-président et de secrétaire-adjoint.

Démission du Maire acceptée.

La Société procède à la discussion des démissions annoncées et au choix des candidats destinés au remplacement.

La démission du Maire est acceptée par la Société et par le peuple des tribunes. Deux candidats sont choisis immédiatement pour le remplacer et sont proposés au Représentant du Peuple en mission :

1° Le citoyen A... fils, « père de famille, bon patriote, qui a toujours montré son attachement à la Révolution, depuis viron trois ans qu'il habite cette commune ayant fait différents dons pour les défenseurs de la Patrie, choisi par le Conseil général de la Commune pour faire couper et convertir en cendres les herbes et arbustes, commission dont il s'est acquitté gratuitement ;

2° Le citoyen Pierre G... père, « officier municipal, père de famille, ayant deux enfants au service de la République, l'un cavallier qu'il a habillé, monté et équipé à ses frais, et l'autre dans les charrois militaires ».

Pour le cas où ce dernier serait choisi, la Société propose deux candidats pour les fonctions d'officier municipal :

1° Guillaume T... ayant exercé pendant près de deux ans les fonctions de procureur de la commune ;

2° Pierre D... ayant rempli pendant quatre ans celles de greffier de la Municipalité,

« Tous deux ayant donné des preuves de patriotisme, de zèle et d'intelligence à remplir leurs fonctions ».

Démission de l'Agent national refusée.

Quant à l'agent national, malgré qu'il se dise « accablé de maux de tête et de poitrine, et frère d'un officier municipal », sa démission n'est pas acceptée par la Société et le peuple des tribunes, « considérant qu'il ne paraît pas mal portant, qu'il agit journellement à ses affaires particulières, qu'étant garçon et sans aucun état, et jouissant d'un revenu honnête et d'un patriotisme reconnu, en état de remplir les fonctions d'agent national ».

Feux dans les champs et ramonage des fours et cheminées.

De grands malheurs étant survenus dans les communes environnantes par suite de feux allumés trop près des maisons, la Société, sur la demande d'un de ses membres, invite la Municipalité à faire respecter sans délai « par ses gardes-messiers », la loi rurale du 16 octobre 1791.

Un arrêté devra être pris et publié à son de tambour, défendant de faire du feu à moins de cinquante toises des maisons, bois, bruyères, vergers, haies, meules de grains, de paille ou de foin. (Titre X de la loi.)

La Municipalité devra aussi sans retard procéder elle-même à la visite des fours et cheminées des maisons de la commune, comme l'ordonne le titre IX de la même loi.

Fête du 30 vendémiaire. — Invitation à la Municipalité.

La Municipalité sera invitée à donner toute la pompe possible à la fête du 30 de ce mois « à l'occasion de l'évacuation entière du territoire de la République », et d'avoir soin de donner des réquisitions écrites à la garde nationale pour qu'elle se trouve sous les armes.

Offrandes patriotiques.

Le président se plaint que H... fils n'a point encore fait pour l'agent national de la Commune « la paire de souliers » qu'il a promise pour les défenseurs de la Patrie, malgré qu'il y ait près de six mois que cette paire soit commandée, et « qu'il ait toujours promis et que ses promesses soient restées sans effet ».

Incompatibilités.

Le président est chargé de consulter l'Administration au sujet de certaines incompatibilités de places et de famille.

VINGT-CINQUIÈME SÉANCE. — 30 vendémiaire an III (21 octobre 1794).

Offrande patriotique d'un vaisseau.

Il est donné lecture d'un nouvel arrêté du département en date du 2, pour l'équipement d'un vaisseau « dont il a déjà été question dans l'arrêté du 19 messidor ».

La Société, « vu le peu de personnes qui se rendent aux fêtes décadaires et aux séances de la Société Populaire », nomme deux nouveaux commissaires, lesquels, « avec les deux déjà nommés, se partageront la commune en deux pour aller dans toutes les maisons réchauffer le zèle et le patriotisme des habitans et les exhorter à contribuer par tous les moyens à la construction de ce vaisseau ».

Magistrats superstitieux à dénoncer.
Invitation à la Municipalité.

Il est également donné lecture d'une lettre de l'agent national du district en date du 14, invitant les Municipalités, agents nationaux et Sociétés populaires du district « à tenir strictement la main à l'exécution de la loi du maximum, engageant les Sociétés Populaires à faire passer sans délai les listes doubles de candidats pour les postes vacants de leur commune, et à dénoncer tous les magistrats superstitieux que le flambeau de la philosophie n'aurait pas éclairés, qui tenteraient à faire rétrograder l'esprit public en ne solennisant pas les décades avec la pompe qui doit embellir les fêtes de la Liberté ».

La Municipalité est invitée à exécuter avec précision l'arrêté qu'elle prendra à cet effet.

Huile et chandelles introuvables.

Un membre se plaint qu'il est impossible de se procurer ni chandelles, ni huile dans la commune, ni aux environs au prix fixé par la Loi, que « maintenant, la chandelle vaut quatre francs à cent sols la livre et l'huile à brûler, huit à neuf livres le pot ».

Il dit qu'on pourrait se procurer de l'huile à meilleur compte dans les moulins. Il est désigné avec un autre membre pour se transporter dans les moulins à huile, soit du district, soit de celui de Cany, et y faire des « achats légaux » pour le compte de la Société, « proportionnés aux besoins de la commune *qui contient 912 individus*, à prendre sur le lieu parce que les cultivateurs membres de la Société désirant faire le bien de leurs concitoyens se chargent du transport desdits moulins en ce lieu ».

VINGT-SIXIÈME SÉANCE. — 10 brumaire an III (31 octobre 1794).

Plus que neuf citoyens présents.

Le procès-verbal relate les noms des citoyens présents. Ils ne sont plus que neuf. L'enthousiasme se refroidit considérablement. Il est vrai que ce jour est la veille de la ci-devant fête de la Toussaint.

Nouvelle démission du greffier du juge de paix.

Le secrétaire renouvelle encore une fois sa démission de greffier de la justice de paix du canton de Caudebec pour la section de la rive droite de la Seine, « vu qu'il remplit en même temps les fonctions d'instituteur salarié par la République » et que ces deux fonctions sont incompatibles d'après le décret consigné dans le Bulletin n° 73.

Il requiert la Société Populaire de désigner deux candidats pour à remplacer, « ce qu'il a signé ».

Sont immédiatement désignés les citoyens :

1° Jacques H..., cultivateur à Arnoult, vingt-huit ans, marié, ayant fait plusieurs dons patriotiques pour les défenseurs de la Patrie, « ci-devant officier de la garde nationale de Gilles de Crétot, porte-drapeau du 9° bataillon de la 3° légion du district d'Yvetot » ;

2° Antoine A..., vingt-six ans, père de famille, « inscrit sur le registre de la garde nationale d'Arnoult où il réside depuis viron trois ans, ayant fait dons civiques pour les défenseurs de la Patrie ».

Le vice-président est désigné comme commissaire pour porter le procès-verbal à Yvetot entre les mains du Représentant du Peuple en mission. .

VINGT-SEPTIÈME SÉANCE. — 20 brumaire an III (10 novembre 1794).

Nouvelle démission.

D... déclare donner sa démission de membre de la Société, « vu qu'il est garde des forêts nationales, et que par cet état il est obligé d'être à tous les instants, à toutes heures de jour et de nuit à ses fonctions, et y voyant une incompatibilité. »

Il demande acte de sa déclaration et inscription au procès-verbal. Le président demandera des renseignements auprès de l'Administration à ce sujet.

Quatre invitations à la Municipalité.

1° Heure des séances.

Un membre fait la motion que du 1er..... (1) au 1er germinal, la lecture des lois ait lieu à neuf heures et demie du matin, « parce que, immédiatement après, la Société tiendra ses séances, vu que pendant ces six mois il est impossible aux membres de la Société et aux citoyens d'être présents, vu l'éloignement de leurs demeures du lieu où se font ces cérémonies ».

2° Assistance aux fêtes civiques.

Il demande aussi que la Municipalité soit invitée à prévenir les membres du Conseil général de la commune à être plus soigneux d'assister aux fêtes civiques « sous peine d'être dénoncés », conformément à la lettre de l'agent national du district du 14 vendémiaire dernier.

(1) Le nom du mois a été omis sur le registre.

3° *Observance du décadi.*

Il demande encore que la Municipalité fasse fermer « le bureau de ses sceances » les jours de décadi pendant la lecture des Lois, — qu'elle ne souffre pas « que son greffier tienne son bureau ouvert et donne audience à autant de citoyens qu'il s'en trouve », — qu'elle lui enjoigne de l'assister à ladite cérémonie « vu qu'un corps constitué doit toujours être accompagné de son greffier ».

4° *Distribution de savon et de morue.*

Il demande enfin qu'il soit rappelé à la Municipalité qu'elle a reçu depuis lontemps une première livraison de *savon*, qu'elle a dû en recevoir une seconde; et aussi une livraison de *morue*, non seulement pour les citoyens de la commune, mais aussi pour plusieurs communes voisines, — « et que c'est étonnnant qu'elle ne se soit point occupée d'en faire la livraison au peuple », — et qu'il lui soit déclaré que « si dans le courant d'une décade elle ne distribue ces livraisons, la Société sera forcée de la dénoncer ».

Cette quadruple motion est adoptée. La lettre à la Municipalité est faite immédiatement et signée par tous les membres présents.

VINGT-HUITIÈME SÉANCE. — 30 brumaire an III (20 novembre 1794 (1).

Tableau des membres de la Société.

La Société s'occupe de la confection du tableau de tous ses membres « au désir de la Loi du 25 vendémiaire, troisième année républicaine, article 5 ».

La page est restée en blanc. Le tableau n'a jamais été fait.

(1) Le 11 novembre précédent, la Convention avait fermé le Club des Jacobins à Paris.

42

VINGT-NEUVIÈME SÉANCE. — 10 frimaire an III (30 novembre 1794).

Nouvelle démission.

Il est donné lecture d'une lettre du citoyen D..... aîné, datée
du 6, « par laquelle il expose que depuis que la Société est établie,
il s'est toujours rendu aux séances le plus exactement possible où il
s'est toujours comporté en vrai républicain, que se trouvant aujour-
d'hui dans l'impossibilité de s'y rendre avec la même exactitude vu
son âge et pour causes légitimes, il donne sa démission ».

Le procès-verbal ajoute laconiquement : « Il n'a rien été arrêté
sur cette lettre ».

TRENTIÈME SÉANCE. — 20 frimaire an III (10 décembre 1794).

Nomination de deux commissaires pour rédiger une adresse à la Convention nationale.

Un membre fait la motion qu'il soit fait une adresse à la Convention nationale pour la féliciter sur ses immortels travaux
depuis le 9 thermidor et qu'il soit nommé deux commissaires pour
rédiger cette adresse qui sera présentée à la Société dans sa prochaine séance.

Cette motion est adoptée ; le président et le secrétaire sont
désignés comme commissaires.

TRENTE ET UNIÈME SÉANCE — 30 frimaire an III (20 décembre 1794).

Confection de l'adresse à la Convention nationale.

Le président dit qu'il s'est occupé avec le secrétaire de l'adresse
à la Convention, mais « qu'ils ont cru que les principes qu'elle
contient sont ceux que professe la majeure partie des habitans de
la commune ». En conséquence, ils n'ont pas cru devoir le faire au

nom de la Société seulement, parce qu'ils croient que « lorsque les citoyens composant les autorités constituées et les autres habitans présents à là séance en auront entendu lecture, ils s'empresseront de la signer ».

Le secrétaire en fait lecture.

« Tous les citoyens présents à la séance se sont empressés de la signer et comme on avait laissé en blanc au nom de qui elle serait addressée, elle a été deffinitivement arrêtée et conçue en ces termes :

Quatrième adresse à la Convention nationale.

« Liberté, Egalité, Fraternité ».

« *Les Officiers municipaux, les Membres du Tribunal de paix, la Société Populaire et les habitans de la commune de Saint-Arnoult* (1), *canton de Caudebec, district d'Yvetot, département de la Seine-Inférieure,*

« *A la Convention nationale.*

« Représentants,

« Les principes sacrés proclamés dans votre addresse au peuple français;

« La substitution du reigne de la Justice au reigne de la Terreur qui a enfanté tant d'atrocités;

« Votre addresse au peuple de la Vendée;

« Et le grand acte de justice que vous avès rendu le dix huit de ce mois en rappelant dans Votre sein les fidèles et courageux mandataires du peuple, Vous attachent à jamais tous les cœurs des Français et Vous feront admirer de l'Europe entière.

« Ces dignes collègues qui, par amour pour la justice, l'humanité et la représentation nationale, méritèrent les haines et la vengeance de ces conspirateurs qui sous le masque du patriotisme avaient juré de Vous annéantir et avec Vous, notre Liberté, ne se sépareront point de ceux qui viennent non seullement de leur rendre un acte de justice, mais à toutte la Nation française.

(1) A remarquer ce retour à l'ancien nom de la commune.

44

« Restés tous unis à votre poste, continués les actes de justice
qui Vous animent, et nous Vous répétons le serment que nous avons
déjà fait d'estre les fidèles observateurs de Vos décrets. Notre seul
point de raliment est la Convention et nous n'en reconnaîtrons
jamais d'autre, puisque tout autre serait destructif de la Liberté, de
l'Egalité et de l'Indivisibilité de la République ».

Le procès-verbal ajoute que l'original de cette adresse est signé
de seize citoyens, dont le maire, six officiers municipaux, le secrétaire de la municipalité, l'agent national, le juge de paix et son
greffier-instituteur. Le reste, c'est-à-dire cinq noms, représente
les membres de la Société et les neuf cent douze habitants de la
commune !

III

CONCLUSION

Cette quatrième adresse à la Convention, si différente de ton de
ses devancières, constitue le chant du cygne de la Société.

Après cette séance, en effet, le registre s'arrête brusquement et
se transforme en un livre de comptes d'un propriétaire avec ses
fermiers.

La Société cessa-t-elle alors d'exister par ordre supérieur ? — ou
bien continua-t-elle de se réunir encore quelque temps et les procès-verbaux ne furent-ils plus transcrits vu le peu d'assistants aux
séances ? — Notre registre est muet sur toutes ces questions.

Il n'est pas douteux que la fermeture, à Paris, du Club des Jacobins, dut porter un coup funeste aux Sociétés affiliées des départe-
ments. De plus, la chute de Robespierre, la fin de la Terreur,
avaient calmé les esprits et tempéré les ardeurs. Personne dans nos
campagnes ne voulut plus passer pour un jacobin et pour un terro-
riste. Les chefs de la Société s'effacèrent volontairement et la
Société elle-même disparut sans bruit et sans laisser d'autre trace
de son existence que ce registre de délibérations que nous avons
heureusement retrouvé.

La Frenaye, le 22 octobre 1911.

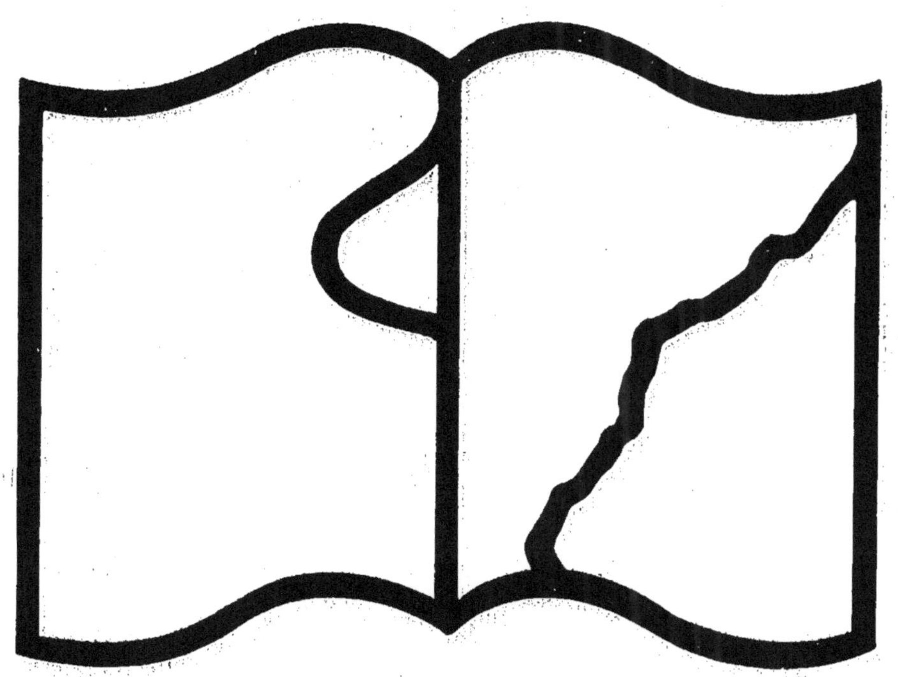

Texte détérioré — reliure défectueuse

NF Z 43-120-11